AF337503

LES

COMMUNISTES

DE TOURS.

PERSÉCUTIONS DE POLICE

A BLOIS.

Prix : Dix centimes (deux sous).

BLOIS,
IMPRIMERIE DE FELIX JAHYER, RUE PIERRE-DE-BLOIS, 16.

1847.

COMMUNISTES DE TOURS.

Réflexions sur leur Procès. -- Persécutions de police à Blois.

Blois, 25 avril 1847.

Sept des accusés compris dans l'affaire d'association qui doit être jugée lundi prochain, 26, viennent d'arriver à la prison de Blois. Trois d'entre eux sont venus par le chemin de fer, sous l'escorte de la gendarmerie. Les quatre autres ont été conduits de brigade en brigade, la chaîne au cou et les fers aux mains. On ne comprend pas ce traitement barbare envers des hommes qui ne sont pas coupables d'un bien grand crime, puisque vingt-un de leurs co-accusés n'ont pas même été mis en arrestation, et comparaîtront librement devant le tribunal.

Parmi ces prévenus, on compte des hommes de lettres, des négociants, des marchands, des ouvriers. Voici leurs noms: Béasse, Béraud, Blanqui, Boucher. Guillet, Leprestre, Vieillefond, tous sept détenus depuis cinq mois au pénitencier de Tours; Bonin, détenu quatre mois dans la même prison, Billon, Blondeau, Caillard, Carré, Durand, Houdin, Joly, Jou, Lambert, Lambron, Lebret, Lebreton, Lecompte, Leduc, Leroi, Michel, Paumard, Royer (Antoine), Royer (Eugène), Saché, Sardes. Les vingt-un derniers sont restés libres. Plusieurs avocats de Tours et de Paris sont chargés de la défense.

Il paraît que le délit reproché à M. Blanqui est celui de *complicité d'association*. Qu'est-ce que cela ? on est associé, ou on ne l'est pas, ce nous semble.

(Extrait du Courrier de Loir-et-Cher).

Blois, 29 avril 1847.

Les débats du tribunal de police correctionnelle, auxquels nous venons d'assister pendant deux jours, justifient pleinement l'ordonnance de non-lieu rendue par la chambre du conseil du tribunal de Tours, dans l'affaire instruite avec tant de fracas contre des malades prisonniers, contre des ouvriers irréprochables. Les proportions de ce pitoyable procès politique, descendues de la hauteur d'un complot à l'insignifiance d'un délit d'association, ont pris, aux débats, des formes si grèles qu'il est presque impossible d'en former un élément honnête d'accusation. Nous ignorons quel parti M. le procureur du roi pourra tirer de ces débats; mais nous savons que, dans l'opinion publique de toutes les nuances, cette affaire est jugée.

Que voyons-nous, en effet? M. Blanqui, malade à l'hôpital de Tours, qu'on transforme en conspirateur entre quatre murs, transformation qui est basée sur la seule déclaration d'un individu que les débats ont constamment trouvé en flagrant délit de mensonge; qui allait dénoncer un prétendu complot à la police de Tours, et puis le soir, se mêlait à l'émeute, appelait à l'insurrection, cassait les reverbères, essayait de désarmer un factionnaire, faisait en un mot tout ce que peut faire un agent provocateur. Cet homme, nommé Houdin, dont les antécédents sont plus que suspects, a recherché Blanqui, à l'hôpital de Tours. On a placé son atelier dans le même bâtiment qu'occupait seul M. Blanqui à l'hôpital. Cet homme est le seul pivot du procès dirigé contre le principal prévenu. Sans lui, le procès croule entièrement; c'est assez dire qu'une pareille base est peu morale.

Que voyons-nous encore? une vingtaine d'ouvriers aimant à chanter, et se réunissant le dimanche soir dans ce but, qu'on a convertis en membres d'une association communiste, sans qu'ils s'en doutassent le moins du monde; et puis quelques communistes de bonne foi et très-pacifiques, qui croient avec raison avoir le droit de professer telle opinion que [bon leur semble, de par la charte.

Que dire des charges de l'accusation? En vérité, nous ne savons. « Vous êtes communiste; » ou, « vous avez

» lu des ouvrages communistes »; ou bien, « vous avez
» été voir M. Blanqui, donc vous êtes suspect, et comme
» nous nous sommes mis en tête de découvrir un com-
» plot, et à défaut d'un complot, une association il-
» licite, en dépit du tribunal de Tours, vous devez
» être un associé. »

Il se trouve là un ancien condamné de la Cour des
Pairs, Béasse qui, estropié et ne pouvant plus travail-
ler, s'est mis pour vivre à vendre des livres et des bro-
chures dans les cafés; on l'a vu une fois dans le café où
se tenaient les réunions chantantes, et le voilà associé
illicite! Béraud, professeur de phrénologie, autre condamné politique, se trouve à Tours, depuis quinze
jours; il revient de Belgique, il habite la campagne, il
ne connaît à Tours que ses anciens compagnons de captivité de Doullens et du Mont-Saint-Michel, et on le met
dans le complot, puis dans l'association illicite.

Enfin nous voyons comme chef de l'association Vieillefond, poète chansonnier, qui tout naturellement veut
produire ses œuvres, et ne trouve rien de mieux pour
cela que d'avoir des réunions chantantes. Nous le disons
dans notre âme et conscience, ce procès est sans aucun
fondement appréciable.

(Extrait du Courrier de Loir-et-Cher.)

Blois, 2 mai 1847.

L'affaire d'association illicite s'est terminée, après
trois jours de débats, par la condamnation de presque
tous les prévenus. Il n'y a qu'une voix parmi les douze
ou quinze cents personnes qui ont assisté à ce procès;
il est, de la part du pouvoir, une immense impru-
dence. Hier, il n'y avait pas à Blois un seul homme
peut-être qui s'occupait des doctrines communistes;
aujourd'hui elles ont leurs partisans. Si on a cru frapper
de terreur la classe ouvrière, on s'est gravement trom-
pé; c'est l'effet contraire qu'on a produit.

Nous sommes encore à nous demander ce qu'on pour-
suivait dans ce procès, ce qu'on a voulu condamner
dans le fond. Est-ce le communisme? Est-ce une asso-

ciation illicite? Une association, nous la cherchons encore. Nous ne trouvons qu'un certain nombre d'ouvriers
honnêtes, presque tous établis et mariés, qui se réunis-
saient tantôt ici, tantôt là, presque jamais au nombre de
20, presque jamais les mêmes, pour chanter des chan-
sons parfaitement licites. Est-ce là ce qu'on a poursuivi ?
Oui, dit-on. Alors pourquoi s'enquérir avec tant de
soin de l'opinion des prévenus ? Pourquoi constamment
poser cette question dans le débat : « Etes-vous com-
» munistes? Quels livres lisiez-vous? » Depuis quand
n'est-on pas libre de professer telle opinion, telle doctrine? Sommes-nous revenus au bon temps de l'inquisition politique? Mais, dit-on, dans un procès de ce
genre, il est bon de s'informer de l'opinion des prévenus. Est-ce à dire qu'il n'y aurait pas eu de délit
d'association, si les accusés eussent appartenu à l'opinion juste-milieu? N'est-il donc pas permis aux communistes comme à tous autres, de se réunir pour chanter? En sommes-nous venus, seize ans après la révolution de 1830, à voir proscrire telle ou telle doctrine,
à être mis hors la loi, si l'on professe des opinions, des
principes qui déplaisent au pouvoir? s'il en est ainsi,
il faut aller vivre en Turquie.

Il faut le dire, cette manière de procéder dans les
débats a étonné tout le monde, et quoique le communisme ne fût pas et ne pût pas être en cause, on est
porté à croire que c'est le communisme qu'on a voulu
frapper en dépit de la loi fondamentale de la France.

Encore une fois, nous ne sommes pas communistes ;
mais nous défendons ici un principe inviolable et con-
servateur des droits de tous. Si l'on proscrit aujourd'hui
les doctrines communistes, demain on en proscrira
d'autres. Nous avons conquis la tolérance religieuse ;
nous croyions avoir conquis aussi la tolérance politique ;
il paraît qu'il n'en est rien, puisque au sein même des
tribunaux on exerce une sorte d'inquisition sur la
conscience humaine qui devrait être profondément
respectée.

En résumé, nous pensons, avec les hommes impar-
tiaux de toutes les opinions, que le but que le pouvoir

s'est proposé dans ce procès a été complétement manqué. Il n'aura servi qu'à propager les doctrines communistes.

Après le prononcé du jugement, les sept détenus, y compris MM. Blanqui et Béraud, ont été reconduits à la prison. M. Béraud a été mis en liberté. Quant à M. Blanqui, on lui a remis une lettre du préfet, datée du 26 avril, jour du commencement du procès, dans laquelle ce fonctionnaire lui fait connaître que, par suite d'une décision du ministre de l'intérieur du 7 mars dernier (cette seconde date est à noter comme la première), le séjour de la ville de Tours et du département d'Indre-et-Loire lui sera interdit, quand il aura cessé d'être l'objet des poursuites de la justice. Il l'invite en même temps à faire connaître le lieu de résidence qu'il choisit.

M. Blanqui s'est refusé énergiquement à choisir un lieu de résidence; il ne veut pas, dit-il, contribuer à la création d'un précédent qui assimile les hommes politiques à des forçats libérés. Par suite de ce refus, M. le préfet de Loir-et-Cher a cru pouvoir décider, de son autorité privée, que les portes de la prison resteraient fermées sur M. Blanqui, acquitté, et contre lequel n'existe plus une seule charge. C'est tout bonnement une détention arbitraire que M. le préfet a ordonnée.

Les moyens de rigueur, les violences, les mesures exceptionnelles, ne sont pas de nature à calmer le ressentiment et l'irritation si naturels chez des hommes qui sont depuis si long-temps les objets de véritables tortures. Un pouvoir humain et adroit, loin d'irriter ces ressentiments, les eût appaisés par sa modération. Le caractère français s'irrite aux violences; il se révolte à l'injustice. Quel danger y avait-il à mettre en liberté un homme malade, usé par la souffrance? Non seulement il n'est pas dangereux, mais il ne songe même pas à l'être. Nous avons pu juger M. Blanqui: on pourra le tuer à petit feu; mais on ne le rompra pas.

(*Extrait du Courrier de Loir-et-Cher*).

Paris, 5 mai 1847.

Lorsque Me Dain, défenseur des sept accusés prisonniers, a voulu défendre le communisme des imputations dirigées contre cette doctrine par la cour royale d'Orléans et par le procureur du roi, le tribunal lui a tout aussitôt interdit la parole, et l'avocat s'est vu contraint de quitter l'audience en protestant contre l'atteinte portée au droit sacré de la défense. Que deviendrait ce droit, en effet, si le fâcheux exemple que vient de donner le tribunal de Blois, devait être suivi par les autres tribunaux de France ?

On ne saurait le nier, le communisme était en cause au procès de Blois. La qualité de communiste était pour chaque prévenu comme une circonstance aggravante. Le communisme devait donc être admis à faire entendre sa défense. « Etes-vous communiste ? Quels jour- » naux lisez-vous ? Blanqui ne vous a-t-il pas conseillé » d'embrasser le communisme ? » Telles étaient les questions invariablement posées à chacun des accusés.

Veut-on enfin une preuve à la fois décisive et cruelle de l'incrimination des doctrines communistes, et de la nécessité où se trouvait le tribunal de Blois, s'il voulait être juste, d'en écouter la défense ? Cette preuve, la voici : De tous les prévenus, celui qui a encouru la peine la plus forte, six mois d'emprisonnement, c'est Béasse.... Béasse qui, pour obéir à ses convictions autant que pour gagner sa vie, s'était fait colporteur d'écrits communistes ; Béasse qui, à cette question du président : « Avez-vous vendu beaucoup de ces ouvrages ? » répondait : « j'en ai vendu le plus que j'ai pu. » Et cependant Béasse n'avait été vu qu'une seule fois au café du Change. En revanche, Vieillefond, le créateur, l'organisateur de la réunion chantante qualifiée d'association illicite, n'a été condamné qu'à trois mois d'emprisonnement. Qu'on n'en soit pas surpris, Vieillefond n'est pas communiste ; il a déclaré ne pas l'être.

En présence de tous ces faits, nous le disons à regret, mais avec franchise, avec calme, le tribunal de Blois, en refusant d'entendre la défense des opinions communistes, nous semble avoir commis un déni de justice.

Quand on accuse des doctrines, ces doctrines doivent pouvoir se défendre. Lorsque, dans une prévention d'association illicite, au lieu de se borner à constater le fait matériel d'association, on va jusqu'à demander compte aux prévenus de leurs opinions ; lorsqu'on juge ces opinions, qu'on les censure, qu'on les flétrit, qu'on les qualifie de *subversives de tout ordre social ;* lorsque, au moment même où l'on formule un jugement aussi sévère, on prend soin de constater sa propre ignorance ; lorsqu'on appelle *partage des biens* ce qui devrait être appelé *communauté des biens ;* quand on se montre enfin, disons-le, à la fois si ignorant et si sévère, on devrait prêter l'oreille aux explications les plus étendues, aux justifications les plus complètes. Exposer leurs doctrines, en faire ressortir le caractère pacifique, établir qu'elles sont honnêtes, inoffensives, tel était incontestablement le droit des communistes de Tours. Ce droit faisait partie du droit sacré de la défense.   (*Extrait de la Démocratie Pacifique.*)

Blois, 30 mai 1847.

Nous apprenons avec étonnement que les condamnés communistes de Tours, contrairement à ce qui se fait partout, sont soumis au régime des voleurs, dans la prison de Blois. Il leur est interdit de se procurer à leurs frais, soit du vin, soit du tabac, et on leur retient le tiers du produit de leur travail.

Nous l'avons déjà dit, nous ne partageons pas les principes des hommes que la justice de Blois a cru pouvoir frapper d'une condamnation sévère ; mais il y a quelque chose d'illégal et d'inhumain à aggraver, par des privations qui deviennent quelquefois de véritables tortures, la peine prononcée par les tribunaux. Il y a quelque chose d'odieux à soumettre au même régime et ceux qui ont volé, et ces pères de famille dont le seul crime a été de s'être réunis pour chanter.

On nous objectera le réglement de la prison. Ce réglement a été fait pour des malfaiteurs et non pas pour des prisonniers politiques. Nous tenons, dans l'intérêt de tous les partis, à faire une grande distinction entre les détenus politiques et les coupables ordinaires : l'opinion triomphante aujourd'hui peut être vaincue demain. Si elle a commis des actes de vengeance ou de cruauté aujourd'hui, demain on pourra en commettre sur elle. Que le pouvoir se défende, mais qu'il ne se venge pas; surtout qu'il ne tente pas d'avilir ses ennemis, quand il les tient enchaînés; c'est là une mauvaise politique, une politique de réaction qui appelle la réaction et la vengeance.

C'est ce qu'a fort bien compris partout ailleurs l'administration ; à Paris, à Doullens, les détenus politiques ne sont pas soumis au régime ordinaire; leur nourriture est différente, et ils touchent intégralement le prix de leur travail. Il y a quelques années, des plaintes furent portées à la Chambre des Députés contre le régime imposé aux prisonniers d'Etat. M. Duchâtel s'empressa de justifier son administration en affirmant qu'ils étaient traités d'une manière exceptionnelle ; que leur nourriture était saine et abondante ; que chaque jour du bouillon, de la viande et du vin leur étaient distribués. Cette affirmation, si elle n'était pas vraie en tous points, était du moins un hommage rendu au principe de la distinction que nous invoquons dans l'intérêt général. On aigrit les partis par des rigueurs inutiles et par les humiliations ; on les apaise par une justice impartiale.

Nous ne défendons pas ici certaines théories, nous défendons des hommes qui, pour professer ces théories, n'en ont pas moins droit au respect de tous. M. le préfet de Loir-et-Cher ne voudra pas, sans doute, attacher son nom à un acte de cruauté et d'injustice, en rendant la prison de Blois plus dure pour les détenus politiques que les prisons d'Etat.

(*Extrait du Courrier de Loir-et-Cher.*)

Paris, 31 mai 1847.

Ce n'était pas assez d'avoir prononcé contre les communistes de Tours des condamnations qui ont profondément surpris toute la ville de Blois, on exécute aujourd'hui ces condamnations avec une rigueur qui semble calculée pour faire savourer la prison à ces malheureux ouvriers.

Après avoir motivé la sentence sur le caractère tout *politique* de l'association prétendue, on déclare que les condamnés ne sont pas des prisonniers *politiques*, et en conséquence, on les traite comme des voleurs. Privation absolue de vin, de tabac et de toute nourriture supplémentaire, alimentation exclusivement maigre avec de l'eau nauséabonde pour toute boisson, et enfin retenue d'un tiers sur le produit de leur travail, tel est le régime auquel on assujétit d'honorables pères de famille, dont le ministère public avait hautement lui-même proclamé la conduite intègre et pure, et qui après tout n'ont à subir qu'une peine correctionnelle.

Ce régime, c'est celui des maisons centrales, c'est celui qu'on inflige aux réclusionnaires! Que deviennent les assertions pompeuses de M. Duchâtel, lorsque du haut de la tribune, il vantait la mansuétude et la convenance du traitement adopté par le pouvoir envers les détenus politiques? Qu'est devenu ce réglement spécial qui, les classant dans une catégorie à part, leur garantissait des aliments substantiels, la liberté de se procurer des vivres supplémentaires, leur laissait la disposition pleine et entière des fruits de leur travail, et les exemptait des outrages d'une discipline faite seulement pour le rebut de la société?

Le pouvoir, suivant ses habitudes sournoises, commence à essayer à petit bruit des précédents qui ne tarderont pas à faire loi, et qui établissent une assimilation complète entre les détenus politiques et les malfaiteurs. Il a trouvé pour cette besogne un digne instrument dans l'éternel préfet de Loir-et-Cher, M. le comte de Lezay-Marnésia, le fonctionnaire de M. de Polignac qui trône à Blois depuis vingt ans.

Ce qui prouve que ces violences ont été préméditées, c'est que les condamnés avaient adressé au préfet une lettre pleine de mesure et de convenance, afin de réclamer, non point une faveur, mais le bénéfice du réglement rédigé par M. Duchâtel lui-même , au sujet des détenus politiques , et qu'ils n'ont obtenu pour toute réponse que l'application brutale du régime de Poissy et de Melun. Les pauvres ouvriers , reconnus par le procureur du roi si probes , si honorables, après avoir été torturés dans le Pénitencier de Tours , ont dans la prison de Blois , pour rétablir leur santé, du pain gâté et de l'eau trouble. (*Extrait de la Réforme.*)

Blois , 4 juillet 1847.

Il se passe à la prison de Blois des choses assez étranges pour mériter d'être portées à la connaissance de l'opinion publique. Le travail des prisonniers est libre. Comment se fait-il donc qu'on retienne à ceux qui travaillent le tiers de leur salaire? Sur quoi est motivée cette retenue? Nourrit-on mieux les travailleurs ? nullement. Leur fournit-on au moins un peu de vin pour les soutenir ? pas davantage. Or , s'ils ne travaillaient pas, seraient-ils nourris ? assurément , ils le seraient. Pourquoi alors cette retenue? Est-ce pour dégoûter les prisonniers du travail ?

Il y a mieux ; les tailleurs, par exemple , sont obligés d'avoir du feu pour chauffer leurs carreaux ; ils achètent du bois. Il paraît naturel que la retenue ne soit faite que sur les profits du travail ; point. Le détenu doit toucher 60 fr., par exemple ; il a dépensé pour 10 fr. de bois ; restent 50 fr. sur lesquels seulement devrait s'exercer la retenue du tiers ; on lui retient 20 fr. Nous ne connaissons aucune loi qui autorise ces faits qui nous paraissent constituer un abus grave, pour ne pas dire plus. L'autorité *centrale* fera bien aussi d'ordonner une enquête sur le régime alimentaire de la prison de Blois, sur la qualité de l'eau, sur la nature de la soupe de chaque jour , sur la qualité et le degré de fraîcheur de la viande du dimanche, et enfin, sur l'exactitude avec laquelle les prescriptions du médecin sont suivies envers les détenus indisposés. Elle fera bien de s'informer si les voleurs sont privés de vin avec la même rigueur que les détenus politiques, auxquels on ne permet pas de se procurer une petite quan-

tité de vin, alors même que leur santé souffre gravement de cette privation, ce qui est une véritable tor-
ture que la loi n'autorise pas.

(*Extrait du Courrier de Loir-et-Cher.*)

Blois, 25 juillet 1847.

Les communistes de Tours, condamnés pour association illicite, avaient adressé à la commission de la
prison une demande tendant à ne pas être soumis,
dans la prison de Blois, au régime commun des malfaiteurs. Ils faisaient valoir leur position de condamnés
politiques qui, partout, sont soumis à un régime excep-
tionnel ; affaiblis dans leur santé, ils demandaient
l'autorisation de se procurer une petite quantité de
vin chaque jour. Cette demande fut renvoyée par
la commission au préfet qui n'a pas jugé convenable
d'y faire droit. Dans sa réponse, il a tourné la
question. Les réclamants, dit-il, ne sont pas des détenus politiques ; car ils ont été condamnés pour association illicite, et conséquemment ils doivent être soumis au régime des voleurs, c'est-à-dire, n'avoir pour
toute nourriture par jour que du pain, deux mauvaises
soupes et de l'eau de détestable qualité. Si M. le préfet
s'était donné la peine de lire le dispositif du jugement
du tribunal correctionnel, il y aurait vu ces mots : « *Que
la société incriminée avait en réalité pour but la propaga-
tion du système communiste, tendant à bouleverser l'ordre social ; qu'ayant été formée dans un but d'atteinte à
l'ordre public, cette association tombe sous le coup de la
loi, etc.* »

Or, nous le demandons à M. le préfet, des hommes
condamnés pour délit d'association politique tendant
à révolutionner le pays (nous nous servons des termes
du jugement), peuvent-ils ne pas être considérés comme
détenus politiques ? M. le préfet équivoque ici en pleine
connaissance de cause. Nous lui reconnaissons plus
d'intelligence qu'il n'en veut laisser paraître. Il y a in-
humanité à faire souffrir des hommes dont le crime est
de s'être réunis pour chanter et qu'on a converts
très gratuitement en conspirateurs ; mais puisqu'on a

voulu en faire des conspirateurs, qu'on les traite au moins comme tels.

Nous regrettons de voir l'autorité se porter à de pareils excès de rancune; c'est ainsi qu'on aigrit les esprits et qu'on fait fermenter la vengeance dans les cœurs. Nous ne voyons et ne devons voir dans les détenus politiques que des hommes semblables à nous, mais ayant d'autres pensées que les nôtres. Ce dissentiment ne justifie pas la persécution.

(Extrait du Courrier de Loir-et-Cher).

Blois, 13 juin 1847.

GRANDE CONSPIRATION.

On croirait vraiment, depuis cinq ou six jours, que toute la ville de Blois est sous la surveillance de la haute police. Tantôt c'est le faubourg de Vienne, tantôt c'est la Grande-Rue, tantôt c'est le Bourg-Neuf qui est cerné par des agents fort indiscrets. Qui donc cause un si terrible émoi à notre habile administration? C'est tout simplement la présence à Blois de M. Blanqui. Il est vraiment pitoyable de voir toute une police municipale se mettre aux trousses d'un seul homme, le suivre pas à pas, se mettre en faction pendant des demi-journées devant les maisons dans lesquelles il est entré, et qui se font un plaisir de le recevoir. Que veut-on par cette traque policière qui dépasse les bornes? Est-ce qu'on espère dégoûter M. Blanqui du séjour de Blois? Ce serait au contraire le meilleur moyen de l'y faire rester. Espère-t-on semer une sorte de terreur et lui fermer toutes les maisons? Le moyen serait puéril; M. Blanqui ne voit que des personnes qui connaissent leurs droits, jalouses et fières de leur indépendance, et l'on aura beau cerner leurs maisons, y pénétrer même pour les espionner, on ne parviendra pas à les intimider. Notre maison est parmi celles qui ont l'honneur d'être mises sous cette étrange surveillance, que la loi n'a pas prévue, et dont personne encore ne s'était avisé de donner le spectacle à la ville de Blois. Pour notre part, nous avons fort peu de souci de ces manœuvres; mais nous prévenons la police qu'elle perd complètement son temps ; elle n'aura pas la moindre petite conspiration à dénicher ; nous sommes de ceux qui conspirent au grand jour ; nous mettons tout le monde dans le secret de ce que nous faisons et voulons. Pour ne pas partager les principes de M. Blanqui, nous n'en honorons pas moins son caractère et sa fermeté, et notre porte lui sera toujours ouverte, quoi que puisse faire la police.

Mais voici bien une autre affaire ! notre police, après avoir cherché et flairé partout depuis samedi, paraît enfin avoir mis la main, mercredi, sur une grande conspiration de tous les habitants aisés du faubourg de Vienne. Si ce n'est pas une conspiration, c'est au moins une association... de pêche. En effet, mercredi dernier, vingt à vingt-cinq des plus honorables habitants du faubourg faisaient ensemble une partie de pêche sur la Loire. La police les aperçut, quand ils redescendaient le fleuve en bateau ; M. le commissaire se trouva là tout à point, au moment du débarquement, et se mit bravement à compter et à enregistrer nos pêcheurs ; le malheur voulut que précisément M. Blanqui ne se trouvât pas parmi eux ; sans cela, ils étaient tous infailliblement des conspirateurs, et une conspiration était construite. Il se trouvait tranquillement assis dans nos bureaux, lisant les journaux.

Depuis quand n'est-il plus permis de faire une partie de pêche, sans être exposé aux vexations de la police ? Depuis quand la police a-t-elle le droit de surveiller les actes les plus innocents ? Sérieusement, tout cela dépasse les bornes ; il n'y a plus de liberté individuelle. Ajoutons que les agents ainsi placés en surveillance sont avec les commères et voisines, d'une indiscrétion qui pourrait bien leur attirer un de ces jours un procès en diffamation. Quant à nous, nous ne sommes pas d'humeur à supporter patiemment les bavardages de la police.

Nous le déclarons de nouveau à nos habiles administrateurs ainsi qu'à la police, ils ne parviendront pas à trouver leur petite conspiration, à Blois.

Nous apprenons ce matin que la police blaisoise ne

s'est pas bornée à ce que nous venons de rapporter.
M. Blanqui a été abordé hier par un agent de police
qui lui a déclaré qu'il avait reçu ordre de le surveiller
dans les rues et de marcher à ses côtés. M. Blanqui a
protesté contre cette illégalité et cette vexation gratuite,
qui n'a d'autre but probablement que de le rendre
suspect à la population, ou de le pousser à quelque acte
qui permettrait au bon vouloir de la police de le re-
mettre en prison. Ce sont là des provocations odieuses.
Si M. Blanqui voulait conspirer, ce ne serait pas la ville
de Blois qu'il choisirait pour centre d'une conspiration.

La population, témoin de toutes ces vexations, s'en
indigne ou en hausse les épaules.

Blois devient la ville la plus drôle du monde. Désor-
mais il faudra se munir d'un passe-port pour aller cher-
cher son pain chez son boulanger. Quant au faubourg
de Vienne, il est en état de siége, et il n'est pas pru-
dent de s'y hasarder sans un portefeuille bien garni
de ses papiers. Plusieurs personnes fort honorables, et
parmi elles un membre de la société de Saint-Vincent,
ont été arrêtées hier, rue de la Chaîne, par un agent
de police, et interrogées sur leurs noms, qualité et
demeure; cet agent leur a demandé leurs papiers, leur
déclarant qu'il avait ordre de constater l'identité de
tous ceux qu'il ne connaissait pas. Il aura fort à faire ;
car on se soucie généralement très peu de se mettre
en rapport avec la police.

Définitivement, le commissaire de police de Blois ne
paraît pas connaître ses droits ni ceux des citoyens ;
non content d'avoir pris au débarqué les vingt-cinq
pêcheurs de Vienne, il a cru pouvoir en mander
plusieurs à son bureau pour les interroger, droit qui
n'appartient qu'à un juge d'instruction. Selon ce que
l'on rapporte, il aurait même été assez plaisant dans
les menaces qu'il a faites à ces innocents pêcheurs.

Partant de son idée fixe, qu'une révolution se préparait dans le faubourg de Vienne, il leur a déclaré avec une énergie digne d'une circonstance moins ridicule, que s'ils étaient 400 révolutionnaires, la police se trouverait au nombre de 1,200 pour les mettre à la raison. Nous déclarons à M. le commissaire qu'il est dupe de son imagination exaltée ; nous lui affirmons qu'il n'y a pas dans tout cela la plus mince révolution, pas l'ombre d'un complot, et que M. Blanqui est parfaitement tranquille, ne songeant qu'à refaire ses forces épuisées par onze années de captivité et de tortures physiques et morales. Il ferait très bien de ne pas donner à Blois le spectacle de la continuation de ces persécutions.

(Extrait du Courrier de Loir-et-Cher.)

Blois, 17 juin 1847.

Les stupides vexations de la police, qui avaient cessé samedi, ont recommencé dimanche. Nous défions de trouver dans nos annales, même au temps de la Terreur, quelque chose de semblable à ce qui se passe depuis douze jours dans nos murs. Où donc a-t-on vu un citoyen libre et contre lequel il n'existe aucune poursuite judiciaire, traqué par la police, suivi pas à pas dans les rues, cerné dans les maisons ? Y a-t-il un exemple de maisons tierces gardées par la police, parce qu'un citoyen, libre, mais qu'à tort ou à raison le pouvoir redoute, y est momentanément entré ? Sommes-nous en Turquie ou en France, et croit-on que les citoyens, qu'on se permet de comprendre dans ces ignobles vexations, en mettant leurs maisons en surveillance, puissent tolérer long-temps cet odieux abus de la force ? Si la police a ses devoirs, les citoyens ont leurs droits, et le premier devoir de la police est de respecter les citoyens et leurs droits.

Au surplus, il y a une manière d'en finir avec les agents de police qui se mettent en faction devant les maisons, et qui se permettent d'interpeller les citoyens qui y entrent ou qui en sortent ; c'est de les attaquer en dommages et intérêts. Il est évident qu'en mettant en surveillance la maison d'un citoyen, en faisant subir

à ceux qui la fréquentent un interrogatoire, la police
lui cause un préjudice moral et matériel ; d'abord, elle
met cette personne en suspicion, puis elle éloigne les
clients. Il ne s'agit donc plus ici seulement de M. Blanqui, mais de l'intérêt des tiers que la police comprend
dans ses persécutions.

Si le pouvoir a réellement quelques craintes au sujet
de M. Blanqui, et ces craintes seraient actuellement
ridicules, il a d'autres moyens de surveillance ; qu'il
les emploie. Mais troubler des quartiers entiers, mettre
en suspicion des citoyens paisibles, et qui se tiennent
dans la ligne de la légalité, ceci n'est pas tolérable ;
car nous avons la prétention de vivre dans un pays
libre.   (*Extrait du Courrier de Loir-et-Cher.*)

La déclaration suivante, que M. Blanqui s'est vu
forcé d'adresser à M. le procureur du roi, est un résumé fidèle de la triste comédie que la police de Blois
donne à notre paisible population.

Monsieur le procureur du roi,

L'inutilité de la plainte verbale que j'ai portée hier
devant vous me contraint de vous adresser la déclaration suivante, qui sera rendue publique.

Depuis dix jours, je suis hors la loi. Me jeter sur le
pavé sans domicile, me fermer l'accès de toute maison
habitée, m'isoler comme un pestiféré au milieu de mes
concitoyens, bref m'interdire le feu et l'eau, tel est
le but que la police poursuit avec acharnement.

J'arrête un logement quai de la Chaîne ; à l'instant
un homme de la police intervient, et lorsque je me
présente pour prendre possession des lieux, le pro-
priétaire se dédit et m'éconduit sans cacher le motif
de son refus. Un honorable négociant du faubourg de
Vienne, M. Gouté, m'accueille chez lui, malgré le pé-
ril. Tout aussitôt, les agents de la force publique
mettent ouvertement le siége devant sa maison, pé-
nètrent dans les demeures voisines, montent aux
fenêtres pour plonger du regard dans les cours du
domicile suspect, et s'installent des journées entières
chez les habitants, rendus muets par la crainte. Tout
un quartier est mis en interdit. La présence bruyante

de la police sème l'inquiétude et l'effroi, éloigne les
acheteurs, paralyse les transactions commerciales, et
nul n'ose élever la voix pour se plaindre.

Mon hôte, plus hardi, est frappé dans ses intérêts
d'une manière plus brutale. On questionne, on menace
toute personne qui se présente chez lui. Plusieurs citoyens honorables de la ville, rencontrés aux portes de
sa demeure, n'échappent à une arrestation qu'en exhi-
bant des papiers qui établissent leur qualité. Ce n'est
pas tout ; la police s'introduit chez les marchands qui
entretiennent chez M. Gouté des relations de voisinage
et de commerce, et tient à chacun d'eux ce propos :
« Vous voyez M. Gouté : il loge chez lui un conspirateur. S'il arrive quelque émeute dans Blois, vous serez
le premier arrêté et vous en aurez pour dix ans, pour
vingt ans de prison. »

Mieux encore ; une vingtaine de négociants du faubourg de Vienne, presque tous électeurs censitaires,
s'avisent de faire une partie de pêche, à une lieue de
Blois. Par malheur, l'hôte du proscrit est de la fête.
Sur-le-champ le pique-nique se métamorphose en conspiration. Le commissaire en chef accourt, et les malen-
contreux pêcheurs demeurent tout ébahis de voir, au
sortir de la nacelle, leurs noms inscrits à la file sur le
redoutable carnet du commissaire. On mande à la mai-
rie les conjurés, on leur dit d'un ton tragique : « Si
vous êtes quatre cents en Vienne à vous révolter, nous
serons douze cents à vous écraser. »

Quelques-uns rient, d'autres s'indignent ; mais le
plus grand nombre s'intimide et s'alarme. L'inquiétude, l'agitation se répandent dans le faubourg de
proche en proche, et naturellement cette conclusion
ne saurait long-temps se faire attendre : « C'est un
homme seul qui apporte ainsi le trouble dans notre
quartier. »

Des moyens plus infâmes encore sont mis en œuvre.
C'est ainsi qu'un homme, traînant avec lui femme
et enfants pour mieux attendrir, est venu ce matin
même chez M. Gouté, réclamer comme membre de
sociétés secrètes, avec force gestes mystérieux de
reconnaissance, des secours fraternels et l'affiliation

à la société secrète de Blois. Un peu moins de stupidité chez les provocateurs ou de prudence chez le provoqué, et par le temps qui court, cinquante centimes donnés à la misère d'une famille, suffisaient peut-être pour échafauder une accusation d'embauchage pour société secrète.

Comment, en présence de cette poursuite implacable, ne pas comprendre que je dois choisir entre un isolement absolu ou la proscription de tous les hommes généreux qui s'obstineraient à rester mes amis ? La police a tracé autour de moi un cercle fatal que nul ne peut franchir sans risque de sa fortune et de sa liberté. Ce qu'elle veut, c'est qu'il ne me reste ni un toît pour m'abriter, ni une table pour prendre mon repas, ni un homme pour m'adresser la parole. C'est le sort du lépreux du moyen-âge qu'elle a résolu de me faire.

Je n'aurais plus alors que la rue pour asile, et je retrouve là cette police qui m'attend. Depuis longtemps des sergents de ville en uniforme me suivent pas à pas, sans relâche, à quarante mètres de distance. Jusqu'ici, j'ai détourné les yeux, laissant au dégoût et à l'indignation publique le soin de faire justice de cette ignoble escorte qui entre à ma suite dans les maisons, furète, interroge, s'impatronise et s'assure de l'impunité par la peur. Cause involontaire de ces tracasseries, j'ai plaint de paisibles habitants troublés dans leur repos, et j'ai cru mettre un terme à ces persécutions en les dédaignant. Mais ce dédain ne faisait pas le compte des persécuteurs, et c'est alors un véritable guet-apens qu'ils ont organisé.

Hier vendredi, 11 juin, je sortais à peine de mon domicile, lorsque le sergent de ville Feuteler, qui gardait la porte en costume dès le matin, m'a barré la route et signifié en termes formels que, chargé par ses chefs de ma surveillance, il allait se placer à côté de moi *coude à coude*, et me suivre ainsi par la ville.

— Avez-vous mandat de m'arrêter ? lui ai-je dit. — Non. — Eh bien, je vais porter plainte en arrestation arbitraire. Cet homme a répondu qu'il se moquait de ma plainte, qu'il agissait par ordre et *qu'il m'emboîterait le pas.* C'est ce qu'il a fait.

Flanqué de cet estafier, je me suis rendu droit à votre parquet, monsieur le procureur du roi , et je vous ai exposé mes griefs. Tout en blâmant avec force l'inconvenance et l'illégalité de ce procédé, vous m'avez néanmoins déclaré qu'il vous était impossible de le classer parmi les délits passibles de poursuites , et que votre rôle devait se borner à des représentations auprès de l'autorité préfectorale , seule compétente en matière de surveillance.

Il paraît, monsieur le procureur du roi, que vos représentations sont restées sans résultat; car pendant la journée toute entière, je suis demeuré prisonnier de l'agent de police Feuteler et de son collègue Mouteaux qui l'a relevé à quatre heures dans la garde de ma personne. Ces hommes ne m'ont point quitté d'un pas, et M. Gouté ayant voulu m'accompagner dans la ville, nous avons dû nous abstenir de toute conversation, parce qu'aucune de nos paroles n'aurait échappé aux alguazils. A 11 heures du soir, j'étais encore prisonnier, et je n'ai pu satisfaire un besoin que côte à côte du sergent de ville qui se tenait debout près de moi.

J'ignore si une pareille violence constitue ou non un délit punissable aux termes du code pénal; mais j'en appelle à la conscience publique, n'est-ce point là une atteinte formelle, l'atteinte la plus insultante à la liberté des citoyens? Qu'on me remette en prison : je suis toujours bon pour Doullens; j'y serai du moins à l'abri de ces outrages publics, et j'y trouverai le feu et l'eau qu'on veut m'interdire partout en France hors des murs des maisons de force.

Dans cette extrémité, au défaut des lois qui ne peuvent ou ne veulent pas me protéger, il ne me reste qu'à me protéger moi-même, en consultant mon droit de défense légitime.

J'ai donc l'honneur de vous déclarer, monsieur le procureur du roi, qu'à la première démonstration des sergents de ville, outrageante pour ma liberté, je repousserai la violence par la force, me remettant au jury du soin de fixer à la police les limites de ses attributions.

Agréez, etc., etc.   Louis-Auguste BLANQUI.

Blois, samedi matin, 12 juin 1847.

Blois, 20 juin 1847.

Le Journal de Loir-et-Cher trouve très-naturelle la conduite de la police de Blois depuis quinze jours : il nomme cela de l'activité. Traquer un homme libre dans l'espoir de le priver de toutes sympathies, tenir en surveillance les maisons qui lui sont ouvertes, mettre en suspicion les citoyens qui le reçoivent et qui ont le bon esprit de ne pas épouser les rancunes et les odieuses vengeances du pouvoir, troubler de paisibles et honorables citoyens dans leurs plus innocents plaisirs, les menacer de dix ans, de vingt ans de prison, donner à toute une ville, qui ne paie pas pour cela sa police, le triste spectacle d'une persécution sans exemple, le *Journal de la préfecture* trouve cela tout simple.

Cette feuille s'étonne de ce que nous, qui ne sommes pas communiste, nous nous portions le défenseur de M. Blanqui. La grande douleur des hommes qui dirigent le *Journal de Loir-et-Cher*, c'est que M. Blanqui ne se soit pas vu abandonné aux persécutions de la police; que celle-ci ne soit pas parvenue à lui fermer, par la terreur, toutes les maisons; que quatre ou cinq citoyens, qui connaissent les devoirs de la police et leurs droits, aient donné à tous l'exemple du courage civique, et déjoué une pitoyable manœuvre. Non, sans doute, nous ne sommes pas communiste, et M. Blanqui le sait mieux que personne; il respecte nos principes comme nous respectons les siens. Pour n'être pas communiste, nous n'en estimons pas moins le caractère de M. Blanqui, et nous n'éprouvons que du dégoût pour ses persécuteurs. Nous croyons, parce que nous voulons le respect de tous les droits, qu'il est du devoir de tout citoyen de s'opposer, autant qu'il est en lui, aux violences et aux illégalités. Il y a solidarité dans une société. Défendre les droits d'un de ses membres, c'est défendre les siens propres.

Les mesures que la police a prises envers M. Blanqui sont des vexations inouïes, et dont nous défions qui que ce soit de trouver un exemple en France. Au lieu de le persécuter, que ne le laissait-on en prison ? Il ne demandait pas à en sortir !

Nous savons que plusieurs honorables membres du conseil municipal, indignés de ce qu'on emploie la police soldée par la ville à des vexations contre les citoyens, ont fait au maire de sérieuses représentations; ils ont protesté en déclarant qu'ils en feraient une question de budget. La ville, ont-ils dit, ne paye pas ses agents pour servir les rancunes du pouvoir et vexer ses habitants. Si le pouvoir veut faire surveiller de cette manière ses condamnés politiques, qu'il envoye pour cette honorable besogne ses propres agents. (*Extrait du Courrier de Loir-et-Cher*).

Blois, 22 août 1847.

Depuis les dernières scènes qui ont eu lieu à Tours dans le quartier de Lariche, par suite du refus des boulangers de livrer du pain au prix de la taxe, les sergents de ville ont recommencé à parader dans notre faubourg de Vienne, racontant avec de feintes terreurs le départ clandestin de M. Blanqui pour la ville de Tours, où il venait, disaient-ils, d'exciter une seconde émeute.

Ceci pourrait bien expliquer la première, et nous donner le secret des machinations inconnues qui ont amené devant le tribunal de Blois et jeté dans les prisons 28 citoyens inoffensifs. Car voici que la police met sur le compte de M. Blanqui les nouvelles agitations de Tours, dues évidemment à la même cause que les troubles de novembre 1846, c'est-à-dire à la cherté du pain. Or, le jour de cette dernière émeute du quartier Lariche, et pendant les jours qui l'ont précédée et suivie, tout Blois a pu voir comme nous-même, dans les rues de la ville, M. Blanqui, convalescent à peine d'une récente indisposition. Quant à ses prétendus complices de 1846, ils sont en prison. Il est facile de voir maintenant ce que valent toutes ces accusations de complot et de société secrète qui, à propos de la première émeute de Tours, ont jeté dans le deuil tant de familles privées de leurs chefs et de leurs soutiens par un dur emprisonnement. (*Extrait du Courrier de Loir-et-Cher*),